# ARTICLES
## SUR LA FERME
## DU DROIT
## DE L'EQUIVALENT
## DU PAYS
## DE LANGUEDOC,

*Arrestez par les Gens des Trois-Etats dudit Païs, assemblez*
*par Mandement du Roy en la Ville de Narbonne,*
*au mois de Decembre 1735.*

A NARBONNE,

De l'Imprimerie de GUILLAUME BESSE, Imprimeur
de Nosseigneurs des Etats, Ruë Droite.

M. DCC. XXXV.

# ARTICLES
## SUR LA FERME DU DROIT
## DE L'EQUIVALENT
### DU PAYS DE LANGUEDOC,

*Arreftez par les Gens des Trois-Etats dudit Païs, affemblez par Mandement du Roy en la Ville de Narbonne au mois de Decembre 1735.*

### ARTICLE PREMIER.

'EQUIVALENT du Pays de Languedoc fera donné au plus offrant & dernier Encheriffeur, en blot ; & fe donnera ladite Ferme pour fix années à venir, qui commenceront le 1er. Janvier 1737, & finiront le dernier Decembre qu'on comptera 1742 ; & fera delivrée à celui ou à ceux qui feront la condition meilleure :

Et ne seront reçûës aucunes Surdites, qu'elles ne soient au moins de trois mille livres.

## I I.

Aprés les Encheres, l'Adjudication en sera faite, sauf la Surséance de huitaine, pendant laquelle nulle Surdite ne sera reçûe, qu'elle ne soit de quatre mille livres par an ; & ladite Surséance de huitaine étant expirée, nulle Enchere ne sera reçûe que pendant trois jours, & qu'elle ne soit de douze mille livres pour chacune année.

## I I I.

Les Adjudicataires de ladite Ferme la prendront à forfait, & à leurs perils, risques & fortunes, sans que ledit pays soit tenu d'aucune diminution de prix, sauf le cas de Peste ou de Guerre guerroyante, auxquels deux cas seulement ils ne pourront pretendre de diminution, qu'à proportion de la non joüissance des Lieux qui les souffriront, pourvû toute fois que la non joüissance excede le quart du prix de la Ferme qui aura souffert, & le Fermier sera obligé nonobstant ladite prétention & sans prejudice d'icelle, de remettre l'entier prix entre les mains du Trésorier de la Bourse par voye de Consignation, à peine d'y être contraint par les voyes & rigueurs de son Contrat, jusqu'à ce que, Parties oüies, la liquidation des pretenduës non-joüissances ait été reglée; sans laquelle condition ladite Ferme ne leur auroit été delivrée.

## I V.

Les Adjudicataires donneront bonne & suffisante Caution devers le Greffe pour la Folle enchere, dans vingt-quatre heures après la delivrance à eux faite, & à faute de ce faire, ladite Ferme sera donnée au dernier Surdisant à la Folle enchere, & sans prejudice de ladite Folle enchere, s'il y en a, le précedent Surdisant sera tenu de soûtenir la surdite, & prendre la Ferme au prix d'icelle.

## V.

Le Fermier general sera tenu d'élire domicile ez Villes de Touloufe & Montpellier, où les Assignations puissent lui être données, s'il y a lieu.

## V I.

Les Fermiers seront tenus de porter à leurs frais & dépens les Deniers de leur Ferme ez mains du Tresorier de la Bourse.

## V I I.

Celui ou ceux à qui le Bail de la Ferme sera adjugé, seront tenus de subir la Juridiction de Juges naturels de la Province, pour tous les differends & procez qui pourront naitre sans que pour quelque cause & pretexte que ce soit, ils puissent evoquer lesdites affaires hors de la Province; à quoy pareillement les Souf-Fermiers seront sujets.

## V I I I.

Ils établiront les Bureaux aux Villes Capitales d'un chacun Diocése, auxquelles eux ou leurs Commis feront actuelle residense à la fin d'un chacun Quartier, pour recevoir le payement des Souf-Fermiers, & ne pourront lesdits Fermiers envoyer aucun Sergent ni Commis pour le recouvrement des deniers, que huit jours aprés le terme échû, lesquels Sergents ils prendront des Villes & Lieux où les exécutions se feront ou dans les Lieux les plus proches, sans se pouvoir servir d'autres Huissiers ni Sergents; en cas ils se servent d'autres Huissiers ou Sergents, il ne leur sera payé autre salaire que celui qui se paye aux Sergents desdits Lieux, & lorsqu'ils feront plusieurs Exécutions en un même jour, audit cas ils ne seront payés que du salaire d'un jour pour toutes lesdites Exécutions, &

où lefdits Souf-Fermiers ne trouveront ledit Fermier principal ou fes Commis auxdits Bureaux, en ce cas lefdits Souf-Fermiers demeureront valablement déchargés, en confignant les fommes par eux dûës entre les mains des Confuls, ou autres Perfonnes folvables, en le notifiant aux Domiciles defdits Fermiers.

### I X.

Tous les Habitans des Villes & Lieux de la Province, même les Soldats, Invalides & Suiffes qui font Hotellerie ou Mangonnerie feront fujets au droit d'Equivalent, conformement aux Articles cy-aprés, fans prejudice toute fois des Priviléges, Franchifes & Libertés de certaines Villes & Communautés de la Province qui en ont bien & duëment joüi par Titres légitimes.

### X.

Ne payeront droit d'Equivalent les Habitants dudit Pays qui tiendront Penfionnaires, en quelques Villes & Lieux de la Province que ce foit, mais feulement les Hôtes & Cabaretiers.

### X I.

Et nul Habitant tenant Penfionnaires, ne pourra fe fervir de ladite Exemption, s'il reçoit chez lui des Marchands, Voituriers, Muletiers frequentant Foires, & Marchés, & autres Paffagers, de quelque qualité & condition qu'ils foient, fauf lorfqu'ils fejourneront pour leurs affaires particulieres, & ne pourront auffi lefdits Habitants tenant Penfionnaires tenir dans leurs maifons des Gens à Cheval, ni avoir ailleurs des Ecuries pour des Chevaux, ou autres Bêtes de voiture de leurs Penfionnaires, fous quelque pretexte que ce foit.

# ARTICLES

*Concernant le droit sur la Viande.*

### X I I.

Toute Chair, soit fraîche ou salée, qui se vendra en gros ou en détail, à poids ou autrement, sera sujette au droit d'Equivalent, & payera six deniers pour livre prime, & dix-huit deniers pour livre carnassiere faisant trois livres primes, s'il n'est autrement composé avec le Fermier, excepté la Chair de Pourceau & Truye fraîche & salée, qui ne sera sujette qu'à deux deniers par livre prime; & pour le Bétail vendu vif à poids, ne sera payé droit d'Equivalent.

### X I I I.

Les Bouchers & autres qui feront tuer la viande de Boucherie dans les Villes & Lieux de la Province, seront tenus de payer lesdits droits au Fermier dans ses Bureaux dans lesdites Villes & Lieux.

### X I V.

On ne payera droit d'Equivalent des Pourceaux, Bœufs, Vaches, & autre Bétail qu'on tuera pour la provision, Fiançailles, Noces, Obits, Cantages, Confreries, Messes nouvelles, ou pour Moissons, ou autres Cultures & Labourages, bien que ledit Betail soit du crû, ou acheté pour saler ou manger frais en quelque façon que ce soit, pourvû toute fois que ce soit sans dol ni fraude, & qu'il ne se fasse aucun département dudit Bétail.

### X V.

Pourront néanmoins lesdits Habitans achetter ou distribuer entre eux ( à la charge qu'ils ne soient plus de quatre ) un Bœuf ou Vache, Pourceau, Chévre, ou autre Bétail, quatre fois de l'année seulement, &

le faler fans que pour raifon dudit département ils
doivent payer aucun droit d'Equivalent, pourvû toute fois qu'ils l'ayent déclaré au Fermier.

### X V I.

Ceux qui feront tuer lefdites Bêtes fujetes audit
droit d'Equivalent, fous pretexte de les vouloir pour
leur provifion, & puis les diftribueront à d'autres,
hors du cas mentionné au precedent Article, feront
tenus, avant que les départir entre eux, de les faire
pefer, & en payer le droit d'Equivalent, comme fi
elles avoient été vendûes à la Boucherie & en détail,
& ce à peine de confifcation & de l'amende.

### X V I I.

Les Habitans pourront donner ou vendre les pieds,
têtes, & entrailles des Bêtes qui leur eft permis de
tuer pour leur provifion, & pour Feftins cy-deffus
fpecifiés, fans que pour raifon d'icelles, têtes pieds &
entrailles, il foit payé aucun droit d'Equivalent, le
tout fans fraude.

### X V I I I.

Ne pourront, fous pretexte des difpofitions des precedents Articles, les Communautés Régulieres & Se-
culieres, ceux qui tiennent des gens en fervice ou
penfion, même les Hopitaux & Hôtel-Dieu, faire
tuer aucune Bête dans leurs maifons d'habitation ou
de campagne, & feront tenus de fe pourvoir aux Boucheries publiques, & ne payeront lefdits Hôpitaux &
Hôtels-Dieu que quatre deniers par livre prime, conformement à la Déliberation des Etats.

### X I X.

Les Confuls & Sindics des Villes & Lieux dudit
Pays, ne pourront être contraints par le Fermier,
d'établir des Boucheries, mais il fera loifible à un
chacun d'en tenir, en payant le droit d'Equivalent,

pourvû

pourvû que celui ou ceux qui voudront tenir ladite Boucherie, foient reçûs par les Confuls, Sindics ou autres ayant charge de Police éfdites Villes & Lieux où ils voudront tailler pour la provifion des Habitans, lefquels Fermiers demeureront en liberté de tuer ou faire tuer, & tenir banc de Boucherie efdites Villes & Lieux de ladite Ferme, à la charge toute fois de ne pouvoir vendre la chair à plus haut prix que les precedents Bouchers, & en cas que lefdits Confuls ne pourvoiront au fourniffement des Boucheries, & jufqu'à ce qu'ils y ayent pourvû, & és Lieux où il n'y a aucune Boucherie établie, il fera permis aux Sindics & Confuls defdits Lieux d'en établir, en payant le droit comme les autres.

## X X.

Ne pourront les Bouchers & autres perfonnes, égorger aucune bête, fans avoir auparavant appellé les Commis du Fermier, & pour remedier aux difficultés que les Fermiers font aux Bouchers de pefer & marquer promptement le Bétail qui a été tué, dorenavant les Fermiers feront tenus à la premiere Requifition defdits Bouchers, de faire le poids & contre marque dudit Bétail tué qu'ils écriront au Controlle, tant pour fervir auxdits Bouchers que pour eux, lequel Controlle ils figneront incontinent, & en deffaut de ce faire, il fera loifible auxdits Bouchers d'appeller deux prud'hommes non fufpects pour pefer ladite chair, & en bailler après le droit d'Equivalent, fuivant le poids de ladite chair.

## X X I.

Seront tenus les Habitans & autres de fe pourvoir de la viande pour leur provifion dans les Boucheries publiques, établies dans les Villes & Lieux de leur habitation, fans qu'ils puiffent faire verfement de la

B

viande d'un Lieu à un autre, sauf le cas du deffaut de Boucherie, ou qu'il n'y fut tué toute sorte de viande, auxquels cas il sera permis d'en aller cher-cher dans les Boucheries voisines où le droit se paye, en justifiant par une Déclaration le Lieu où la viande aura été tuée, pour que le droit ne puisse sous aucun pretexte être exigé plus d'une fois.

### X X I I.

Les dispositions de l'Article cy-dessus n'auront point lieu pour la ville de Toulouse, laquelle demeurera exceptée de la Regle generale, à cause de sa situation ; pourront les Habitans de ladite Ville, se pour-voir de viande ainsi qu'ils aviseront, à la charge néant-moins par ceux qui introduiront ladite viande, de rapporter un Certificat du Lieu où la viande qui en-trera par les Portes de la Ville aura été tuée & mar-quée, pour être ledit Certificat remis en entrant aux Commis du Fermier, & faute de rapporter ledit Cer-tificat, le droit sera payé.

### X X I I I.

Pour obvier aux abus des Gardes . & Commis de l'Equivalent, en ce qu'ils font le Controlle, sans vou-loir en donner copie aux Bouchers & Vendeurs, les-dits Fermiers ou leurs Commis seront tenus à l'avenir d'en donner copie, en étant requis, sans rien prendre, autrement ne sera foy ajoûtée audit Controlle, ni pour raison de ce, payé le droit.

### X X I V.

Ne payeront le droit d'Equivalent les Oyes & Oy-sons, pourvû qu'elles ne soient vendues salées, ni aussi les Poulailles, Canards & autres Volailles, Gi-bier ni Saucisse, Pattes, Andoüilles & Cochons de lait.

### X X V.

Les têtes, pieds & entrailles des Bœufs, Pourceaux,

Moutons, & autre Bétail, qui feront vendûs à poids, payeront en ce cas le droit d'Equivalent & non autrement; & à l'égard des greffes, elles ne payeront pas le droit d'Equivalent, lorfqu'elles feront detachées de la Bête, & qu'elle feront véndues feparement.

### X X V I.

Les Chevrotiers, Agneliers, & autres qui tuent & revendent les Agneaux, payeront deux fols pour chacun Agneau du poids de vingt livres & au deffous, & s'ils pefent au deffus ils feront reputez Viande de Boucherie, & payeront fix deniers par livre à l'exception des Chevraux, bien qu'ils foient vendus & debités aux Boucheries; qui ne payeront rien.

### X X V I I.

Ne pourront lefdits Bouchers & autres expofer en vente la chair d'aucune Bête qui n'ait été tuée aux Ecorchoirs, que les Confuls font tenus d'établir pour cet effet, lefquelles Bêtes ne feront foufflées qu'avec des foufflets.

# ARTICLES

### CONCERNANT LE POISSON ET AUTRES

### DANRÉES ET MARCHANDISES.

### X X V I I I.

Les Pefcheurs, premiers vendeurs, de Poiffon pourront vendre indifferamment à toute forte de Gens, le Poiffon frais jufques au poids de dix livres & au deffous, par jour feulement, fans payer Droit d'Equivalent, pourveu qu'ils n'en portent pas une plus grande quantité, lequel Poiffon jufques à dix livres de poids ils ne feront tenus de prefenter ni raifonner audit Fermier, tout dol où fraude ceffant, & en cas de dol ou

fraude, ledit Poiſſon ſera confiſqué, & le Contreve-
nant condamné en l'Amende.

### XXIX.

Ceux qui porteront du Poiſſon à vendre ſoit de la
Mer, ſoit d'Eau douce, excedant le poids de dix livres
feront tenus de le porter ez Villes & Lieux ordonnés
pour être vendus, l'ayant au préalable preſenté & rai-
ſonné, avant qu'eſtre mis en vente, au Fermier ou à ſon
Commis, & en leur abſence au Conſul du Lieu; Et
ne pourront leſdits Vendeurs de Poiſſon qui en porteront plus de dix livres, le vendre en détail dans les
Lieux de leur paſſage, ſans le raiſonner & en payer
le Droit.

### XXX.

Les Pêcheurs pourront vendre le Poiſſon en gros ſur
les bords de la Mer, Etangs & Rivieres ſeulement où
il aura été pêché, ſans payer le Droit d'Equivalent,
& s'il eſt vendu en détail il payera le droit; Et au
cas que les Pêcheurs qui vont en Mer avec des Tar-
tannes, ſoient obligez d'entrer dans une Riviere pour
vendre le Poiſſon qu'ils auront pêché, ils pourront en
ce cas vendre ledit Poiſſon en gros, pourveu qu'ils le
vendent dans leurs Tartanes, & non autrement.

### XXXI.

Il ne ſera payé aucun droit d'Equivalent des Huitres,
Moules, Bigourres, Cancres, Ecreviſſes, Grenouilles,
Jol, Caramotes & Sivades, Coquilles ou Tenilles.

### XXXII.

Les Mangonniers, Revendeurs & autres, ne pourront enfermer ni mettre en vente aucune Marchandi-
ſe ſujette audit droit d'Equivalent, ſans l'avoir préalablement raiſonnée & exhibée auxdits Fermiers ou
leurs Commis, & il ne ſera cenſé avoir été fait dol
& fraude audit droit, lorſqu'il aura été traité ſeule-

ment de la vente defdites Marchandifes, s'il n'en a
été fait la délivrance.

## X X X I I I.

Pourront les Fermiers, Souf-Fermiers & leurs Commis, faire leurs vifites chez les Mangonniers & Revendeurs, lefquels feront tenus de declarer audit Fermier les Marchandifes fujetes audit droit d'Equivalent
qui font dans leurs Boutiques, Magafins & ailleurs,
pour être marquées, & en être payé ledit droit à proportion de la vente defdites Marchandifes.

## X X X I V.

Ne fera loifible aux Mangonniers, & Bouchers,
d'ouvrir leurs Boutiques, ni tailler ou expofer en
vente aucune chair ez jours de Vendredy, Carême,
Vigiles de Fête, & autres tems prohibés par l'Eglife
Catholique, Apoftolique & Romaine, fi ce n'eft le
Samedy, fuivant l'ancienne coûtume; hors en cas de
neceffité ou permiffion, fut peine de confifcation de
ladite chair, aux Hopitaux generaux des Lieux, & de
l'amende de cinquante livres, moitié au Roy & moitié
aux Pauvres defdits Hôpitaux, laquelle ne pourra
être moderée.

## ARTICLES
### CONCERNANT LES VINS.

## X X X V.

Les Habitans dudit Pays ne payeront droit d'Equivalent du Vin de leur crû, en quelle part qu'il foit
levé & cuëilly, foit audedans, foit au dehors de la
Province, & en quelque lieu qu'ils le vendent ou faffent vendre en gros ou en détail, pourvû que la vente s'en faffe au lieu où le Vin fera recuëilly, ou que
les Vendeurs ayent domicile dans la Ville ou Confu-

lat, où la vente fe fera, & qu'ils ne faffent affiete de
Buveurs, laquelle ne fe pourra entendre que par ceux
qui adminiftreront pàin, nape, viande, table, & cou-
teaux, néantmoins pourront bailler pot, verre & eau
pour boire le vin, dans la baffe-cour & paffage au bas
des maifons, les portes ouvertes, & fans que le Ven-
deur de vin puiffe être en peine, ne baillant que le
pot, le verre, l'eau & ledit vin ; l'Habitant ne fera
pas cenfé domicilié dans un lieu, fi fa famille, où
tout au moins, le Chef n'y habitent pendant fix mois
de chacune année.

## X X X V I.

Pourra le Fermier faire faire par deux Commis au
moins des vifites dans les Metairies & Domaines fci-
tués dans les Villes & Vilages, dans le mois aprez
les Vendanges, pour être fait Inventaire des vins re-
recüeïllis par les Proprietaires, & recevoir leurs Décla-
rations, ou de leurs Fermiers ou Agens, de la quantité du vin recüeïlly de leur Fonds, à la charge que
lefdits Inventaires feront incerés dans un Regiftre que
les Commis figneront & feront figner par les Proprietaires, leurs Fermiers & Agens, les Articles les concernant, finon fera fait mention de leur abfence,
refus, ou déclaration de ne fçavoir figner, aprez les
avoir interpellés, auquel cas feront fignés par deux
Témoins, defquels Articles il fera baillé Copies fur le
champ, fignées par les Commis, au Proprietaire, ou
à l'un de fes Domeftiques, dont le Régiftre fera char-
gé, à peine de nullité, & fans fraix.

## X X X V I I.

Seront exemps du droit d'Equivalent le Labou-
reur ou Vigneron qui prendra à labourer ou cul-
tiver les Vignes d'autruy à moitié, ou autre portion
des fruits pour le vin qui proviendra de fa part ou por-

tion, à raifon de fon travail & culture faite par lui
de fes bras ou autre de fon efpece qui lui aidera, &
ne feront tenus lefdits Vignerons raifonner audit Fermier le vin cy-deffus expliqué, ni en payer aucun
droit d'Equivalent; & ne pourront être cenfés Vignerons, les Bourgeois ou autres de toute efpece qui ne
travailleront pas la Vigne par eux-mêmes, mais par
des Gens loüés, lefquels Bourgeois en ce cas doivent
être regardés comme Fermiers, & par confequent fujets au droit d'Equivalent, ne feront tenus audit droit
ceux qui baillent du vin aux Mercenaires pour leur
boiffon, tant feulement pendant le tems qu'ils tra-
vaillent pour eux.

### X X X V I I I.

Les Particuliers ne pourront vendre le vin que dans
la maifon où il aura été mis en Cave, & au cas ils
veuillent le vendre ailleurs, ils ne pourront le faire
tranfporter au lieu de la vente qu'en Tonneaux, pe-
fant au moins deux quintaux poids de Marc, & non
en Bouteilles, Brindes, ou autres Vafes de moindre
contenance, en confequence de la Déliberation des
Etats, du 4 Fevrier 1709.

### X X X I X.

Si pourront lefdits Habitans vendre le Vin de leur
crû, & en achetter d'autre pour la dépenfe de leur
Maifon feulement, lequel Vin acheté ils feront tenus
de declarer au Fermier, avant de l'enfermer & le me-
ler avec le Vin du crû, afin que les Tonneaux puiffent être marqués, & ne pourront le vendre en détail, finon en payant le droit d'Equivalent.

### X L.

Les Arrefts donnez touchant la prohibition des Ta-
vernes, fortiront leur plein & entier effet, fans que
pour l'obfervation d'iceux les Fermiers puiffent preten-

dre aucune diminution du prix, dépens, dommages &
interefts.

### X L I.

Les Marchands forains & étrangers trafiquant & aportant du Vin de leur crû, ou acheté, & le vendant en gros, ne feront tenus de payer droit d'Equivalent, pourvû que la vente par eux faite, ne foit moindre que de demi charge de Cheval, Mulet ou Mule, lefquels s'ils le vendent en détail, & en moindre quantité que de la moitié de ladite Charge, devra droit d'Equivalent, s'il n'eft compofé avec le Fermier.

### X L I I.

Lefdits Marchands ou Muletiers portant du vin fujet audit droit, ne pourront enfermer ni mettre en vente ledit vin, fans l'avoir préalablement raifoné & exhibé audit Fermier ou à fes Commis, & il ne fera cenfé avoir été fait dol & fraude audit droit, lorfqu'il aura été traité feulement de la vente dudit vin, s'il n'en a été fait la delivrance.

### X L I I I.

Si la Vendange ou vin d'aucun dudit pays, eft faifi pour dette, & aprez rachetté par lui, il le pourra vendre en menu, fans payer droit d'Equivalent, comme aufsi ne payeront droit d'Equivalent, les Proprietaires qui aprez avoir baillé à travailler leurs Vignes à moitié fruits ou autrement, prendront en payement la portion du vin échû aux Vignerons pour la culture defdites Vignes, pourvû qu'ils ne faffent pas affiete de Buveurs.

### X L I V.

Tous les Hôteliers, Cabaretiers, & Rotiffeurs, payeront droit d'Equivalent, fans aucune exception, à la charge par les Hôtes majeurs, de raifonner & declarer la vente de leurs vins fur le même pied des Hôtes

tes mineurs, auxquels Hôteliers, Cabaretiers, Patiſ-
ſiers, Rotiſſeurs, & autres qui vendront du vin en
détail ſujet audit droit, ſera déduit pour leur boiſſon
de leurs Femmes, Enfants & Valets; lies, coulages,
& remplages, le dixiéme dudit droit, ſuivant l'uſage
reçû dans la Province, & pour tout le ſurplus, ils en
payeront le droit de ſixiéme, ſur le pied de la vente
qu'ils en auront fait, & les quatre ſols pour livre par
augmentation dudit droit.

### X L V.

Les Hôtes & Cabaretiers du Pays de Velay & Ge-
vaudan, payeront le droit d'Equivalent, pour tout le
Vin qu'ils debiteront dans leurs Cabarets, quoi qu'il
ſoit Vin prim, ou melé avec du Vin étranger, ainſi
qu'il ſe pratique dans toute la Province.

### X L V I.

Les Parfumeurs & autres, qui vendent du Vin Muſ-
cat, & autres Vins de liqueur qui ne ſont pas de leur
crû payeront le droit d'Equivalent pour raiſon deſdits
Vins.

### X L V I I.

Les Boulangers & Mangonniers pourront vendre le
Vin de leur crû ſans payer le droit d'Equivalent, pourveu qu'ils ne faſſent Aſſiette de Buveurs.

### X L V I I I.

Il ſera permis aux Habitans dudit Pays d'aller ou
envoyer querir du Vin pour leur proviſion tant ſeulement, hors de leur Diocéſe, Villes & Lieux, pourveu qu'au lieu où ils iront acheter ledit Vin, il ſe
paye droit d'Equivalent; le tout ſans fraude; comme
auſſi leur ſera permis d'en aller acheter pour leur vi-
vre & proviſion tant ſeullement, ez lieux où ledit
droit d'Equivalent ne ſe leve point, & ne payeront

C

point ledit droit, si ce n'est qu'ils revendent après ledit Vin en detail.

## XLIX.

Tous Rentiers de Benefices & autres Biens temporels, soit en argent, soit en fruits, payeront droit d'Equivalent du Vin & autres denrées sujettes audit droit provenant desdites fermes, lorsqu'ils les vendront en détail ; auquel droit ne seront tenus les Sg.rs Ecclesiastiques, Sg.rs Gentilshommes, & autres Proprietaires, soit que lesdits fruits proviennent du domaine de leurs biens, soit qu'ils proviennent des Benefices, premices, dixmes, offrandes ou autrement, & en quelque maniere que ce soit, ni même lorsqu'ils les prendront en payement de leurs fermes.

# ARTICLES GENERAUX

### SUR L'EXPLOITATION DE LA FERME.

## L.

Les denrées sujettes audit Droit qui se vendront par plusieurs fois en mêmes Villes ou Villages, soit en gros, soit en menû, ne payeront qu'une seule fois le Droit d'Equivalent, lors de la vente qui en sera faite à proportion de ce qui sera vendu, & ledit Droit sera payé autant de fois que la marchandise sera revendüe lorsque la vente en sera faite en differents lieux soit en gros ou en detail.

## LI.

Lorsqu'il échera amende, pour dol ou fraude, ladite amende sera au profit du Fermier, & ne pourra être moindre de cinquante livres pour la premiere Contrevention, cent livres pour la seconde, & cent cinquante livres pour la troisiéme, payables lesdites amendes nonobstant l'appel & sans y prejudicier, & à

l'égard des Gens fans aveu & Vagabonds contre lefquels l'amende ne peut être repetée , ils feront pourfuivis criminellement fuivant l'éxigeance des cas.

### L I I.

Et d'autant qu'on a exigé d'autres fois induement
le Droit d'Equivalent , fur les vivres donnés aux Gens
de Guerre qui font en Garnifon dans le Pays , ou paf-
fent par la Province , lorfqu'ils feront nourris par Etape ; pour obvier à ce , il ne fera dorenavant pris Droit
d'Equivalent fur la chair & autres vivres fujets aufdits
Droits , donnés aux Gens de Guerre dudit Pays tenant
Garnifon ou paffant par Etape , & ce feulement lorfque
ledit Pays , les Diocefes & Lieux fourniront ou feront fournir lefdits vivres aux Gens de Guerre , par
des Commis ou par un Etapier, le tout fans fraude.

### L I I I.

S'il y a Contravention aux prefents Articles en tout
ou en partie , lefdits Fermiers n'auront aucune garan-
tie contre ledit Pays , mais feulement contre ceux qui
auront fait lefdites Contraventions.

### L I V.

Et ne pourront lefdits Fermiers prendre autres Droits
des Habitans de ladite Province que ceux contenûs
aux prefents Articles , foit pour Droits de quittance ,
ou pour quelque pretexte ou occafion que ce foit , à
peine de concuffion , reftitution de ce qui aura été
mal exigé , & de cinquante livres d'amende payable in-
continant & fans delay , depens , dommages & interêts.

### L V.

Lefdits Fermiers pourront prendre le Droit d'Equivalent fur tous les Habitans de la Ville de Touloufe ,
fuivant l'acord & tranfaction faite & paffée , entre les
Capitouls & ledit Pays , authorifée par la Cour des
Aydes de Montpellier , fans que les Capitouls puiffent

exempter aucune enseigne ou autres choses par eux
pretendües suivant ledit accord & transaction , & la
chair sera pezée & marquée en ladite Ville de Toulouse , comme en tous autres Lieux du Pays du Languedoc , lesquels Capitouls & Administrateurs de la Ville de Toulouse , presens & avenir , seront tenûs de faire deux Ecorchoirs pour le Batail gros & menû , suivant
l'Arrêt sur ce donné le 8 Janvier 1571 , & d'en fournir encore un pour les Aigneaux , ou deux , si lesdits
Capitouls le trouvent à propos , & que la comodité
publique le requiere.

### L V I.

Le corps de la Ville de Narbonne ne sera pas af-
fermé avec le Diocése conformement aux lettres pa-
tentes du Roy données à Melun en l'année 1573 , le
14 Septembre , & ce sans prejudice du droit des Parties ,
demeurant les requisitions & protestations du Pays de
Languedoc écrites.

### L V I I.

Foy sera ajoûtée aux attestatoires qui seront faits en
jugement devant les Juges Royaux & Ordinaires ou
devant les Consuls des Lieux , où le vin porté pour
être vendû aura été recueilli.

### L V I I I.

Comme aussi foy sera ajoûtée aux Verbaux des Commis & Employez à la levée dudit Droit qui auront
serment en Justice jusques à l'inscription en faux , & à
l'égard des Soû-Fermiers des Lieux particuliers jusques
à la somme de deux cens livres seulement , ils pourront faire leurs Procès Verbaux en cas de fraude aus-
quels il sera ajoûté foy , comme à ceux des Commis ,
pourveu que lesdits Verbaux des Soû-Fermiers soient
signez par les Consuls ou par deux Témoins , à la
charge par lesdits Soû-Fermiers de preter serment.

## L I X.

Lefdits Fermiers ne pourront commettre pour Gardes & Commis, autres que des Gens de bien, qu'ils feront recevoir par devant les Confuls des Villes & Lieux, par Sommaire aprife de leur integrité & Prud'-Hommie, lefquels feront reçûs en faifant Serment par devant eux, de bien & duëment exercer leurs Charges de Commis, lefquels Commis ne pourront être Parents, Affociés, ni Participants à la Ferme, à peine de cent livres d'amende contre le Fermier qui les aura commis.

## L X.

Les feuls Articles cy-deffus auront force & vigueur, & tous autres Articles & modifications cy-devant faits demeureront nuls & comme non advenus, ne pourront le Fermier general ni les Souf-Fermiers particuliers, pourfuivre aucun Arreft de Reglement, pour la perception des droits ou autrement, même à l'occafion d'une Inftance particuliere qui foit en rien contraire, & puiffe porter aucune atteinte aux prefents Articles, qu'aprez que l'Affemblée des Etats y aura déliberé.

## L X I.

Ne feront foy aucuns Articles de l'Equivalent en Jugement ni dehors, s'ils ne font fignés & collationnés par le Greffier des Etats, & non autre.

## L X I I.

Si les Bouchers, Poiffoniers, Taverniers & autres font induëment accufés & pourfuivis par lefdits Fermiers, iceux Fermiers feront condamnés à l'amende.

# TARIF

## DES DROITS CONTENUS
### AUX ARTICLES CY-DESSUS.

POUR chaque livre carnaffiere de Chair, fraiche ou falée, fera payé dix-huit deniers, excepté la Truye & Pourceau, qui ne payera que fix deniers par livre carnaffiere.

Pour chaque quintal de Poiffon, foit frais ou falé, vendu en gros ou en detail fera payé dix fols, le Pecheur pourra vendre & revendre fur le lieu en gros le Poiffon de Mer frais, fans payer droit d'Equivalent.

La fixiéme partie du prix du vin vendû en détail, & par augmentation quatre fols pour livre du fixiéme du prix dudit vin.

Deux fols pour chacun Agneau du poids de vingt livres primes & au-deffous, net & vuide des Freffures, payables par les Chevrotiers, Agneliers & autres qui tüeront & revendront lefdits Agneaux, & lorfque lefdits Agnéaux excederont ledit poids de vingt livres, ils feront réputés viande de Boucherie, & payeront fix deniers par livre prime.

Par Baril de Sardes & Enchoyes du poids de trente
livres, compris le bois, poisson, eau & sel, sera payé
deux sols, & si lesdits Barils pesent plus ou moins,
ledit droit sera rabattu ou augmenté, à raison de cinq
en cinq livres.

Fait & arrêté en l'Assemblée des Etats, tenus en la
ville de Narbonne, le vingt-troisiéme Décembre mil
sept cens trente-cinq.

Signé ✠ RENÉ FRANÇOIS DE BEAUVAU,
Archevêque de Narbonne, Président.

Du Mandement de mesdits Seigneurs des Etats.
Signé, MARIOTTE.

*Collationné à l'Original par moi soussigné,*
*Secretaire & Greffier des Etats de la*
*Province de Languedoc.*

www.ingramcontent.com/pod-product-compliance
Lightning Source LLC
Chambersburg PA
CBHW060814280326
41934CB00010B/2681